Peter Jürgen Stäb

Wenn Heinz das wüsste!

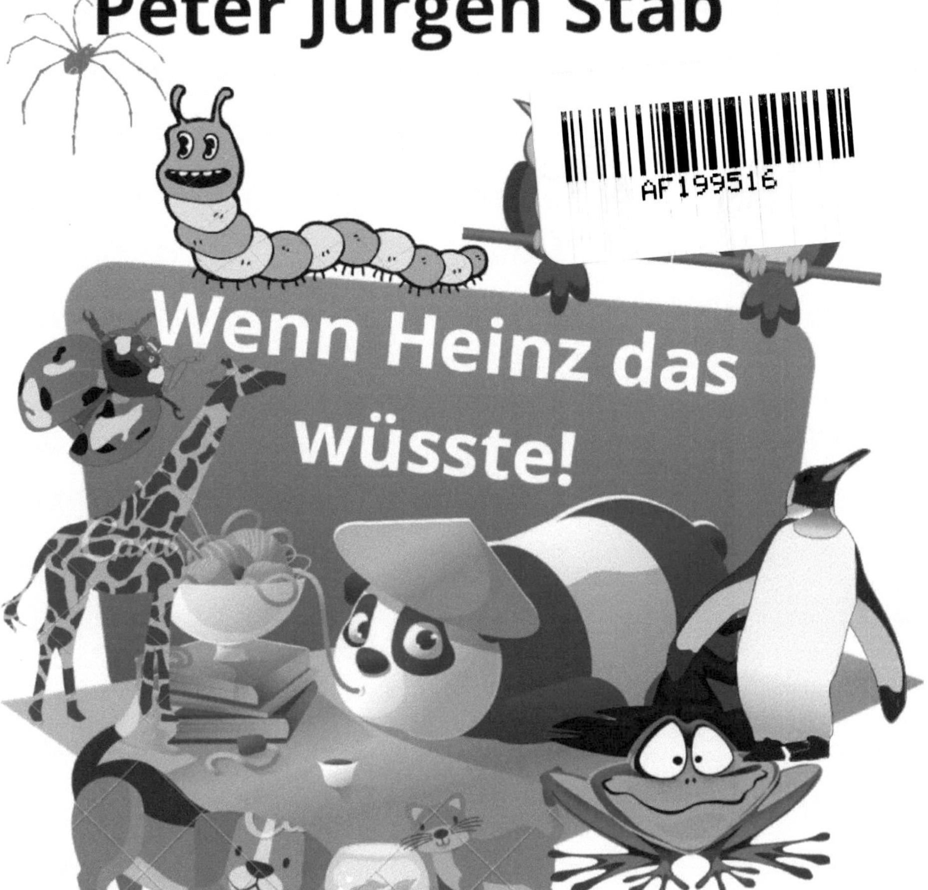

Tierisches und noch'n Gedicht!

Peter Jürgen Stäb
Wenn Heinz das wüsste

MIX
Papier aus verantwortungsvollen Quellen
Paper from responsible sources
FSC® C105338

FSC
www.fsc.org

Impressum

Titel: Wenn Heinz das wüsste

Auflage 2020

© 2020 by Peter Jürgen Stäb

Covergestaltung

© 2020 by Peter Jürgen Stäb

Fotos by Pixabay.com

Peter Jürgen Stäb, Birkenweg 3, 56288 Michelbach

Anfragen:

peterstaeb@web.de

Bestellungen:

www.peter-staeb.de

Herstellung und Verlag: BoD- Books on Demand, Norderstedt
ISBN: 978-3-7519-1848-0

Vorwort

Mein Name ist Peter Jürgen Stäb. Ich wurde am 16.06.1957 geboren. Mit meiner Frau Bettina lebe ich in Michelbach im Hunsrück.

Seit Pfingsten 2017 bin ich querschnittsgelähmt. Ursache war ein T-Zellen-Lymphom mit Metastasen am gesamten Wirbelapparat, sowie Bruch des 8/9 Brustwirbel.
Eine lange Krankenhauskarriere liegt nun hinter mir. In dieser Zeit fing ich wieder an zu schreiben.
Erste Veröffentlichungen erschienen 1985 in der Meisenheimer Allgemeinen Zeitung, im Bad Kreuznacher Öffentlichen Anzeiger und verschiedenen Publikationen.

Meine Leidenschaft sind Gedichte (stark beeinflusst von Heinz Erhardt), Märchen und Geschichten für kleine und große Kinder. Mittlerweile habe ich das eBook-Segment als Alternative zu den Printmedien erkannt.
"Im Zeitalter der Digitalisierung, Kinder werden mit Tablet und Handy groß, ist das eBook eine günstige Chance für Kinder und Eltern, das Lesen nicht zu vergessen oder zu verlernen.

In diesem Sinne wünsche ich ein herzliches Schmunzeln, lautes Lachen mit meinen tierischen Versen in meinem Buch: „Wenn Heinz das wüsste!"

Peter Jürgen Stäb

Inhaltsverzeichnis

Hunsrücker Elwetritsche

Lama

Der Pinguin

Das rote Pony

Der Specht

Dromedar

Eintagsfliege

Das Zebra

Glückskäfer

Schmetterling

Das Faultier

Spinnen

Goldfisch

Libellen und Forellen

Schoßhündchen

Bär

Warum Maikäfer im Mai fliegen

Wie Brieftauben zu Friedenstauben
wurden

Der Drecksspatz

Die Robbe

Kakerlaken

Affen
Und noch´ n Gedicht:
Löwenzahn

Und noch´ n Gedicht:
Eier

Und noch´ n Gedicht:
Blaues Meer

Und noch´ n Gedicht:
Pilze

Und noch´ n Gedicht:
Im Dschungel

Und noch´ n Gedicht:
Vulkan

Und noch´ n Gedicht!
Igel

Die Ameise

Heimlich, still und leise

Verschwindet die Ameise

Geht auf große Reise

Ihr Mann, gescheit und weise

Der tanzt Freudenkreise

Wird schwindlig, fällt auf Steiße

Gebrochen- so ´ne Scheiße

Die Schnecke

Ein Schneckerich mit pompösem Haus
Hielt Ausschau nach ´nem Schneckchen aus
Er schleimte hin und schleimte her
Einer Schneckenfrau gefiel das sehr

Die legte Bedenken ab und die eigene Wohnung
Glitschte feuchtig zu ihm, es gab keine Schonung
Nach heißer Nacht wollte sie Kulturbeutel holen
Doch ihr Haus samt Beutel war gestohlen

Sie glitt aus seinem Domizil wie Gott sie schuf
Ihr Haus blieb verschwunden, hörte nicht ihren Ruf
Da schämte sie sich und wurde rot
Als Nacktschnecke lebt sie fortan bis zum Tod

Der Wurm

Auf dem Schinderhannesturm

Lebte einst ein Regenwurm

Feudal in einer Pfütze

Sonne schien ihm auf die Mütze

Es verdunstete sein Lebensraum

Wurm fühlte sich in schlechtem Traum

Doch wollte er nicht krangeln

Fritz nahm ihn mit zum angeln

Tausendfüßler

Tausendfüßler hatte Bein gebrochen
Schmerzlich hinkte er ununterbrochen
Es klappte kein Aufstehen und kein Bücken
Ohne Hände halfen auch keine Krücken

Demokratisch rieten die gesunden Beine
Hausarzt aufsuchen, das schaffst du nicht alleine
Er verordnete Ruhe, machte Gipsverband am Knie
Ein kleines Teil lähmte die gesamte Maschinerie

Ein Krankes, aber noch 999 Gesunde
Tausendfüßler im Rollstuhl dreht Runde um Runde
Und eine Erkenntnis macht ihn platt
Dass kleine Ursache so große Wirkung hat

Das Schwein

Es grunzt und frisst in sich hinein

Entwickelt mächtig Durst

Will ein frohes Glücksschwein sein

Und keine Currywurst

Der Uhu

Selbsttarnend sitzt der Uhu im Baum

Ein ungeübtes Auge sieht ihn kaum

Dreht den Kopf mit Federohren

Als hätte er Wertvolles verloren

Mit Beginn der Dämmerung, hungrig, instinktiv

Wird der Nachtjäger gefährlich aktiv

Hungrig jagt er zwischen Sträuchern und Farnen

Zur Verdauung beginnt er sich wieder zu tarnen

Der Hai

Dreiecksflossen hat der Hai

Die aus dem Wasser ragen

Wenn du sie siehst, sage nicht: Hi

Renn, soweit die Füße tragen

Selbst ist der Hai nicht aggressiv

Wird gejagt und abgeschossen

Versteckt sich in des Meeres Tief

Gibt keine Supp mit Bambussprossen

Bären

Eine Bärin geht fast täglich shoppen

Hat im Schrank ganz viele Roben

Doch Kleiderpflege macht sie krank

Sucht Personal dafür beim Arbeitsamt

Es melden sich bald viele Bären

Braunbär, Eisbär, Koalas wären

Nicht geeignet. Nein, nein, nein!

Es müsste schon ein Waschbär sein

Der Löwe

Der Löwe regiert im Reviere

Als sei er König aller Tiere

Imposant prachtvolle, wuschelige Mähne

Spitze, scharfe, todbringende Zähne

Den Tag über liegt er faul in der Savanne

Die Löwin besorgt den Braten für die Pfanne

Zum Dank zeigt sich der König bereit

Darf sie fressen, was übrigbleibt

Rehlein

Vater Hirsch spricht zu seinem Kitz

Jäger schießen auf uns, das ist kein Witz

Rehlein hört da gar nicht hin

Springt munter, ist im Wald schnell drin

Am Abend, es ist nicht mehr hell

Rehlein will zum Vater schnell

Springt aus dem Wald durch eine Lichtung

Genau in des Jägers Richtung

Der zögert nicht und schießt mit Schrot

Rehlein stirbt einen jungen Tod

Hund und Katz

Trifft Hund auf Katz

Ist sicher, es gibt Rabatz

Kämpferich bellt der Hund: Wau Wau

Katze buckelt, faucht: Miau

Wer von beiden wird denn siegen

Fetzen sich, bis die Fetzen fliegen

Müde macht das ständige gewinnen

Gemeinsam schlafen sie jetzt drinnen

Wilde Schweine

Keiler sah eine Wildsaufrau
„Die krieg ich rum!" dachte er schlau
Suhlte sich in Schlamm und Dreck
Hatte Spaß, war hin und weg

Frau Wildsau beobachtete berührt
Ahnte, was er im Schilde führt
Ließ sich auf das Spielchen ein
Keiler war ein geiles Schwein

Kamen sich näher in Schlamm und Dreck
Wildsaufrau zeigte sich keck
Wurde später dick wie eine Nudel
Gebar ihr erstes Wildsaurudel

Die Giraffe

Lange Beine, langer Hals

Bis sechs Meter groß

Pflanzen frisst sie lieber als

Fleischgericht mit brauner Soß´

Giraffen vegetarisch leben

Um nach höherem zu streben

Das Krokodil

Ein gefährlich, imposantes Riesenreptil
Lang beschwanzt, - das Krokodil
Flacher, langer Körper mit vier Beinen
Nennt man auch Panzerechse im Allgemeinen

230 Millionen Erdenjahre wären zu erwähnen
Das Maul bestückt mit gut 70 Zähnen
Das hat so mancher schier vergessen
Und ruckzuck wurde er gefressen

Die Gefährlichkeit des grünen Reptils
Beeindruckt die Modeindustrie nicht viel
Lassen es töten in aller Ruhe
Für teure Handtaschen und Schuhe

Lama

Ein Lama liegt auf saftigen Wiesen
Will relaxen und genießen
Bevor es weiterzieht durch die Anden
Dort leben seine Onkel und Tanten

Beste Wolle verspricht feinhaariges Fell
Ein Mensch bemerkt das super schnell
Will das Lama plötzlich fangen
Um an teure Wolle zu gelangen

Das kann das Lama gar nicht jucken
Es wird ihm auf die Nase spucken
Ein Pfund Rotze im Gesicht
So leicht gibt's die Wolle nicht

Hunsrücker Elwetritsche

Ich musste mir die Augen wischen

Glaubte nicht, was ich da sah

Am Waldesrand zwei Elwetrische

Wirkte, als seien sie ein Paar

Etwas seltsam sahen sie aus

Nicht hässlich, eher ungewöhnlich

Im Hunsrück bauen sie ihr Haus

Schwiegermutter scheint sehr ähnlich

Der Pinguin

Öle heißt der Pinguin

Watschelt smart zum Südpol hin

Freut sich auf Eis und kaltes Wasser

Frist so viel Fisch, dass er

Bauchschmerzen und Herzklopfen hat

Aber er ist bumme satt!

Das rote Pony

Das Pony ist ein kleines Pferd

Für große Pferde wenig wert

Das ärgert das Tier, vor Wut wird es rot

Blutdruck steigt, es fällt um und ist tot

Der Specht

Ob grün, ob schwarz, ob grau, ob bunt

Klettern um des Stammes Rund

Hüpfen ungeschickt die meiste Zeit

Fliegen auch nicht gerne weit

Hungrig hämmern auf Baumes Rinde

Hofft, dass er Insekten finde

Tock-tock-tock, es laut erschallt

Rhythmisch tanzt der ganze Wald

Der Schnabel bestimmte das Spechtenleben

Für Hausbau, Futter, muss er alles geben

Woche für Woche hämmert er

Das gefällt Spechtfrauen sehr

Sprechen auf wilde Trommler an

Weil der Familie ernähren kann

Erst folgt Verliebtheit, dann das Gelege

Leise wird es nie in deren Gehege

Dromedar

Als Erika, das Dromedar
Zum ersten Mal ´ne Trommel sah
War es sofort fasziniert
Wirkte gar hypnotisiert

Dann machte die Trommel: **BUMM!**
Und schon war die Hypnose um
Aufgeschreckt rennt Erika
Von Afri- bis Amerika

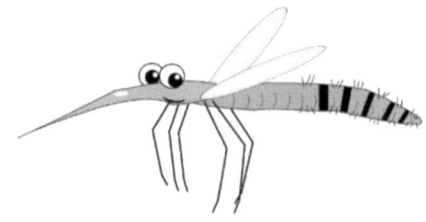

Die Eintagsfliege

Die Eintagsfliege hatte Sorgen

Was ist, wenn sie noch lebt am Morgen?

Reicht Rente, Pflege, leidet sie Not?

Nein! Fliegenklatsche schlägt sie tot

Das Zebra

Zebra, ein gestreiftes Pferd?

Nein, uns ist es viel mehr wert

Als Experte für Sicherheitsfragen

Hat es uns sehr viel zu sagen

Viele verdanken dem Zebra das Leben

Beim Überqueren von Straßen eben

Autos drohen Passanten gefährlich zu ergreifen

Doch schützt uns jetzt des Zebras Streifen

Glückskäfer

Ein kleiner Käfer mit sechs Beinen
Der Rücken scheint tief rot zu scheinen
Schwarzer Kopf, dran sind zwei Fühler
Flink im Warmen, lahm wenn´s kühler

Zufrieden war er mit seinem Aussehen nicht
Da fehlt noch was aus seiner Sicht
Eines Tages er es wagte
Dem Herrn die Traurigkeit beklagte

Dieser ihm direkt mal funkte
Geh Einkaufen, kriegst Payback-Punkte
Sind schwarz nun auf dem roten Rücken
Als Marienkäfer wird er beglücken

Schmetterling

Die bunte Blumenwiese duftete grün

Nach Veilchen, Klatschmohn und Jasmin

Schmetterlinge mit prächtigen Farben

Flatterten verträumt, erfreuten uns und starben

Das Faultier

Gehört zur zahnarmen Gattung der Säugetiere
Zehn Zentimeter lange Krallen an allen vieren
Extremitäten, meist hängend kopfüber im Baum
Das Faultier. Es bewegt sich kaum

Schlafen bis zwanzig Stunden am Tag
Erledigt alles kopfüber, ich sag
Fressen, schlafen, paaren, gebären, träumen
Leben bald vierzig Jahre auf Bäumen

Selbst nach dem Tod hängen sie weiter im Geäst
Was sie ganz selten herabsteigen lässt
Ist Suche nach einem neuen Baum und so
Muss es dann auch mal aufs Faultierklo

Spinnen

Die Spinne baut cool ohne Hetze
Architektonisch hochwertige Netze
Und lockt damit Insekten an
Damit sie die verspeisen kann

Sie wirken mystisch und geheimnisvoll
Menschen finden Spinnen gar nicht toll
Voller Furcht flüchten sie von hinnen
Die Spinnen denken nur: Die spinnen!

Der Wal

Der Wal, das ist ein Säugetier

Lebt meist unter Wasser, er atmet wie wir

Millionen von Jahren hatte er ein gutes Leben

Dann hat der Mensch den Globus betreten

Gefahrlos auftauchen, atmend Fontänen ausstoßen

Mensch wird ihn jagen wegen Fett, Fleisch und Soßen

Wale sterben, es gibt großen Schwund

Einige verstecken sich auf dem Meeresgrund

Die guten Zeiten haben sie nicht vergessen

Was hatten sie früher leckeres Essen

Meeresgetiere, Tang, Pinocchio und Nemo

Heut finden sie Plastikmüll, Schweröl und Chemo

Sie schwimmen gegen die vermüllte Wand

Verzweifelte Wale verenden am Strand

Die letzten verrecken auf´ m Grunde der Meere

Wir Menschen sind Ursache dieser Misere

Goldfisch

Der Goldfisch lebt in einem Glas

Dreht Rund um Rund, hat wenig Spaß

Sieht wertvoll aus, edel und zart

Goldene Schuppen zeichnen achtzehn Karat

Wenn Herrchen heimwärts sich bewegt

Wird Goldie stets freudig erregt

Schwimmt Pirouetten, spritzt bis zur Decke oben

Zu wild..., Glas mit Fisch zerbarst am Boden

Scherben, Nässe, Kiemen zittern in Not

Herrchen schockiert, fühlt sich bedroht

Hebt Goldie hoch, watscht ihn schmerzend ab

Weil Fisch nach seinem Herrchen schnappt

Dem Goldfisch wurde Angst und Bange

Er lebte dann auch nicht mehr lange

Herrchen kauft neues Glas, neuen Fisch

Stellt alles auf den alten Tisch

Libellen und Forellen

Auf die Schnelle

Eine leckere Forelle...

Nicht mit ´ner Libelle fangen, denkt der Angler

Dafür nimmt der Beste

Lebensmittelreste

Solche kommen manches mal

angeschwommen im Kanal

Erfolgreich kehrt der Angler heim

Frau ruft: Petri heil! Wie fein!

Ist nicht faul, brät den Fisch gerecht fürs Maul

Schnelle ist der Fisch gekaut

Schnelle ist der Fisch verdaut

Und dann sitzt der Angler. Wo?

Auf dem Klo

Was produziert der Beste?

Lebensmittelreste! Feste, feste

Erleichtert nun nach diesem Mahl

Drückt er die Spülung eins, zweimal

Das Wasser fließt von Berg zu Tal

In den Kanal. Und auf einmal...

Beißt ein Fisch ganz feste

In die angespülten Reste

Dann schwimmt er weiter, dieser Gute

Der Angler wartet mit der Rute

Will auf die Schnelle

eine leckere Forelle

Doch nicht mit ´ner Libelle fangen

Welchen Köter hat der Beste?

Schoßhündchen

Schoßhündchen sitzt bei ihr auf dem Schoße

Frisst gern Fleisch aus Aludose

Sonntags auch mal Braten mit Soße

Hündchen ist klug, wedelt mit Schwänzchen

Macht für Frauchen öfters mal Männchen

Bringt ihr ab und zu ´ne Rose

Und pinkelt Herrchen auf die Hose

Bär

Bär Karl fühlt sich zu dick und schwer

Aus Frust frisst er fast gar nichts mehr

Geht gut, nimmt ab, freut sich Frau Klärchen

Liebevoll nennt sie ihn Bärchen

Warum Maikäfer im Mai fliegen

Weltweit ist es nicht bekannt

Wo man erste Maikäfer fand

Aus Engerlinge Larven schlüpften zwei

Zur Oberfläche gruben, bis sie waren frei

Sahen Maid im Dirndl, nein es waren drei

Und als erstes riefen Maikäfer: Jo, Mai!

Nun wissen es selbst dümmste Ziegen

Dass Maikäfer im Mai rumfliegen

Wie Brieftauben zu Friedenstauben wurden

In Washington, im weisen Haus

Stellt man just Brieftauben aus

Sind grau, weiß und zahm

Manche vom Flug erschöpft und lahm

Tauben werden ihr Land repräsentieren

Die schönsten wird man toll prämieren

Züchter sind Könige und Militärs

Im Auftrag der Völker und ihres Heers

Man kann sich nicht auf Preisrichter einen

Unabhängig sollen sie sein, man findet keinen

Die Züchter werden ungeduldig

Einer spricht den andern schuldig

Und so staut sich Zorn und Hass

Fliegt ein Funke auf das Fass

Die Tauben gurren voller Schreck

Schwirren hoch und fliegen weg

Taubenzüchter untereinander

Gehen mit Waffen aufeinander

Es gab einen großen Krieg

Wo nichts und niemand übrigblieb

Der Kriegsschauplatz ist öd und leer

Leichenteile stinken schwer

Am Boden kriechen nicht mal Raupen

Doch am Himmel fliegen Tauben

Die hatten sich früh abgesetzt

Leben als Friedenstauben jetzt

Der Drecksspatz

Dreckspatz kann es nicht lassen

Ständig in den Dreck zufassen

Wäscherei er stets ablehne

Überschätzt wird die Hygiene

Sauberkeit ist was für Katzen

Die nur mit sauberen Spatzen schmatzen

Die Robbe

Die Robbe auf der Sandbank

Lag faul auf dem Rücken

Als es nach totem Fisch stank

Begann sie früh zu stücken

Sie fraß viel und wurde müde

Legte sich bäuchlings und schlief

Plötzlich kam die Flut perfide

Sandbank sank in nassem Tief

Robbe dachte, ach wie immer

Wasser war ihr Element

Und sie war ein guter Schwimmer

Heute hätte sie fast verpennt

Kakerlaken

Ob Franzose, Italiener, Slowake

Niemand mag die Kakerlake

Ob Pfälzer, Bayer oder Schwabe

Jeder hasst die Küchenschabe

Millionen Jahre existieren sie

Menschen mochten sie noch nie

Drum spült, räumt auf nach dem Essen

Sonst kommen sie zum Reste fressen

Affen

Affen, bezeichnet als Primaten

Beobachten Menschen in allen Staaten

Wie sie systematisch die Welt ruinieren

Das schlägt Affen schwer auf die Nieren

Vom Affen soll der Mensch abstammen?

Das bestreiten alle zusammen!

Und noch´ n Gedicht!

Löwenzahn

Eine Löwenzähnin, brav und zahm
Sah einen wilden Löwenzahn
Verliebte sich innig und heiß
Plötzlich war der Zahn ganz weiß

Flogen durch die Luft, die weißen Dinger
Sahen aus wie Fallschirmspringer
Der wilde Zahn, jetzt ein trauriger Bengel
Nichts blieb übrig, nur ein Stengel

Und noch´ n Gedicht!

Eier

Einst trafen sich, ich glaub im Mai

Ein weißes und ein braunes Ei

Das weiße sprach: „Warst du im Süden

Und ließest dich von der Sonne brüten?

Das Braune sprach: „Ach was!

Aber du wirkst krank und blass!

Hast ´nen roten Stempel auf der Stirn!"

„Und du hast auch einen auf deinem Hirn!"

Fing das weiße Ei an rum zu mucken

„Komm, lass uns in den Spiegel gucken!"

Das machten dann die zwei

Seit dem gibt´s das Spiegelei!

Noch´ n Gedicht!

Blaues Meer

Auf Fotos sieht man´s, lang ist es her

Es gab einmal ein blaues Meer

Das ist jetzt bunt, weil stark vermüllt

Sich täglich mehr mit Plastik füllt

Ozeane, Fische leiden darunter

Meist geht der Kunststoff nicht mal unter

Müll zu beseitigen ist wahrlich schwer

Blaues Meer, das gibt's nicht mehr

Noch´n Gedicht!

Pilze

Einer Pilzfrau mit weißem Stengel, schönem Hut

Ging es unter Birken und Fichten recht gut

Fehlt nur ein starker Pilzerich

Einen Schwachen will sie nicht

Da wuchs dann einer, schaute schnatz

Nur kam er nicht von seinem Platz

Die Pilzin wurde rot bei den Hecken

Bekam hektisch weiße Flecken

Sie begann den Pilzerich zu lieben

Ach könnte der doch zu ihr fliegen

Der mühte sich, fiel um, blieb liegen

Auf ihm tummeln sich jetzt Fliegen

Noch´n Gedicht!

Im Dschungel

Jedes Jahr im Januar

Ruft der Dschungel, ha ha ha

Angeblich bekannte Prominente

Fressen Insekten und Exkremente

Möchten sich darstellen in der Welt

Fast alle aber brauchen Geld

Null Sterne, kaum Essen, oh wie schwer

Die meisten sind so hell wie Teer

Und die ekeln sich nicht wenig

Wer wird diesmal Dschungelkönig?

Noch´ n Gedicht!

Vulkan

Vulkan spuckt Lavamassen, Feuer

Wärmt die Gegend, das ist nicht teuer

Anwohner haben die Weisung

Öffnet Fenster und spart Heizung

So sparten die Leute, Summe um Summe

Der Vulkan, der war der Dumme

Wollte nicht nur ständig schnaufen

Und sich auch mal etwas kaufen

Luxus, Wohlstand, schöner Leben

Man will dem Vulkan nichts geben

Der zog traurig sich zurück

Alle hatten schlechtes Glück

Und heuer? Spuckt er weder Lava noch Feuer

Jetzt wird erst die Heizung teuer

Kein Luxus, Wohlstand, lerne fürs Leben

Billiger ist oft das Geben

Noch´n Gedicht!

Igel

Sechs bis Achttausend Nadelspitzen

Auf des Igels Rücken sitzen

Winterschlaf ist vollbracht

Frühling kommt mit voller Macht

Versteckt sich gern in Sträucher und Hecken

Für Kleintiere und Schnecken wird er zum Schrecken

Bei Gefahr tarnt er sich als Kugelfisch

Die Nadeln schmerzen fürchterlich

Noch´n Gedicht!

Fäkalienpoesie

Nase läuft, beginnt zu niesen

Koliken beim warmen pissen

Blähend stinkend Darm gerissen

Letztes Mal lauwarm geschissen

Noch´n Gedicht!

Klopapier

In welchen Zeiten leben wir

Menschen hamstern Klopapier

Fünf, zehn, zwanzig Packen

Um rund um die Uhr zu kacken

Das macht kein Organismus mit

Kein Darm hält mit Idioten Schritt

Das einzig wahre, was wir wissen

Man hat denen ins Gehirn geschissen

Noch´n Gedicht!

Worte zu Corona

Jetzt wo wir zuhause bleiben

Braucht´s Lösungen zum Zeit vertreiben

Langeweile, nein, nein, nein

Spaß soll´s machen, spannend sein

Basteln, spielen, Filme sehen

Man darf auch spazieren gehen

Abstand halten ist Devise

So trotzen wir Coronakrise

Zum Schluss noch´n Gedicht!

Wenn Heinz das wüsste

Gedichtet, gereimt, Bestes gegeben

Kurzweilige Verse erweckt zum Leben

Geistreich, Humor war ein Muss

Überraschende Pointen zum Schluss

Dank an die Muse, die mich küsste

Und noch´n Gedicht! Wenn Heinz das wüsste!

Wäre es ihm bekannt

Belächelte mich als Dilettant

Und noch mehr Bücher von Peter Jürgen Stäb!

VK: 12,95 Euro

ISBN: 978-3-96103-571-7

Leseproben & Link:

https://peter-staeb.de/dromedare-kuesst-man-nicht/

VK: 8,95 Euro

ISBN: 978-3-96103-403-1

Leseproben & Link:

https://peter-staeb.de/wer-glaubt-denn-sowas/

VK: 7,95 Euro

ISBN: 978-3-96103-250-1
eBook: 6,95 Euro

https://www.amazon.de/Staunende-Gesichter-Peter-J%C3%BCrgen-St%C3%A4b-ebook/dp/B076DHSGG9/ref=tmm_kin_swatch_0?_encoding=UTF8&qid=&sr=

Leseproben & Link:
https://peter-staeb.de/staunende-gesichter/

VK: 9,95 Euro

ISBN: 978-3-96103-289-1

eBook: 7,95 Euro

https://peter-staeb.de/ebook-spannende-abenteuer-im-zauberwald/

Leseproben & Link:
https://peter-staeb.de/spannende-abenteuer-im-zauberwald/

VK: 9,95 Euro

ISBN: 978-3-96103-690-5

eBook: 4,99 Euro

https://www.amazon.de/dp/B082
1QY1M4/ref=mp_s_a_1_3?key
words=st%C3%A4b&qid=15748
04902&sr=8-3

Informationen & Link:
https://peter-staeb.de/mord-im-
schlagschatten/

VK: 24,95 Euro

ISBN: 978-3-96103-537-3
eBook: 9,99 Euro
https://www.amazon.de/meinen-
B%C3%BCcher-schreiben-
ver%C3%B6ffentlichen-verwirklichte-
ebook/dp/B07Q1K27RN/ref=sr_1_1?
_mk_de_DE=%C3%85M%C3%85%C5%
BD%C3%95%C3%91&keywords=st%C3
%A4b&qid=1561562252&s=gateway&
sr=8-1
Leseproben & Link:
https://peter-staeb.de/buecher-
schreiben/